kool - məktəp	2
reisimine - səyəxət	5
transport - transport	8
linn - şəhər	10
maastik - tirə-yün	14
restoran - restoran	17
supermarket - supermarket	20
joogid - eçemleklər	22
toit - azıq	23
talu - çeftlek	27
maja - yort	31
elutuba - qunaq bülməse	33
köök - aş bülməse	35
vannituba - yuınu bülməse	38
lastetuba - bala bülməse	42
riietus - kiyem	44
kontor - ofis	49
majandus - iqtisad	51
ametid - hönərlər	53
tööriistad - ələtlər	56
pillid - muzıka alətlere	57
loomaaed - xaywan baqçası	59
sport - sport törlere	62
tegevused - itkenleklər	63
perekond - ğailə	67
keha - tən	68
haigla - xastaxanə	72
hädaolukord - kiçektergesez xəl	76
Maa - Cir	77
kell - səğət	79
nädal - atna	80
aasta - yıl	81
kujundid - şəkellər	83
värvid - töslər	84
vastandid - qapma-qarşılıqlar	85
numbrid - sannar	88
keeled - tellər	90
kes / mis / kuidas - kem / nərsə / niçek	91
kus - qayda	92

Impressum
Verlag: BABADADA GmbH, Nedderfeld 112 , 22529 Hamburg
Geschäftsführer / Verlagsleitung: Harald Hof
Druck: Books on Demand GmbH, In de Tarpen 42, 22848 Norderstedt

Imprint
Publisher: BABADADA GmbH, Nedderfeld 112 , 22529 Hamburg, Germany
Managing Director / Publishing direction: Harald Hof
Print: Books on Demand GmbH, In de Tarpen 42, 22848 Norderstedt

kool
məktəp

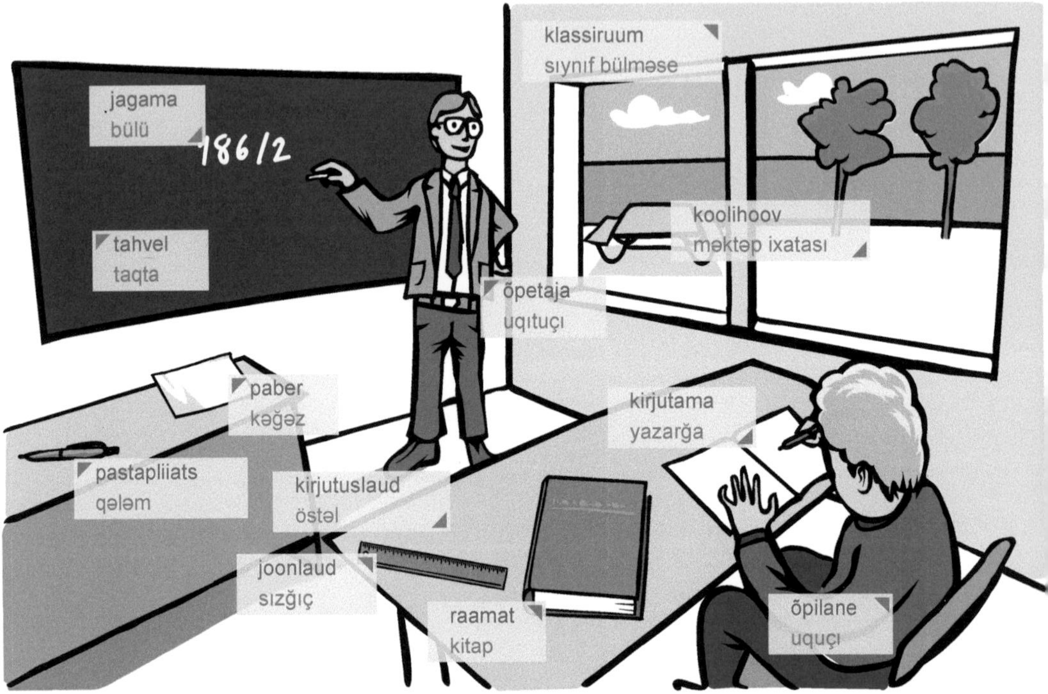

- jagama / bülü
- tahvel / taqta
- klassiruum / sıynıf bülməse
- koolihoov / məktəp ixatası
- õpetaja / uqituçı
- paber / kəğəz
- kirjutama / yazarğa
- pastapliiats / qələm
- kirjutuslaud / östəl
- joonlaud / sızğıç
- raamat / kitap
- õpilane / uquçı

koolikott
buqça

pinal
qələmdan

harilik pliiats
qırandaş

pliiatsiteritaja
qələm oçlağıç

kustukumm
betergeç

joonistusplokk
rəsem dəftəre

kool - məktəp

joonistus
rəsem

pintsel
pumala

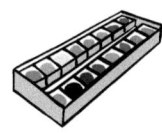
värvikarp
buyawlar tartması

käärid
qayçı

liim
cilem

töövihik
dəftər

kodutöö
öy eşe

number
san

liitma
quşu

lahutama
alu

korrutama
tapqırlaw

arvutama
isəpləw

täht
xəref

tähestik
əlifba

sõna
süz

kool - məktəp

3

tekst
tekst

lugema
uqırğa

kriit
aqbur

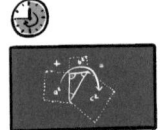
koolitund
dərs

klassipäevik
sıynıf jurnalı

eksam
imtixan

tunnistus
sertifikat

koolivorm
məktəp forması

haridus
məğərif

entsüklopeedia
ensiklopediyə

ülikool
universitə

mikroskoop
mikroskop

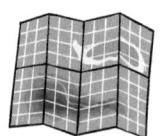
kaart
xarita

paberikorv
çüp qəğəz çiləge

kool - məktəp

reisimine
səyəxət

hotell
qunaqxanə

hostel
hostel

valuutavahetuspunkt
valüta bürosı

kohver
baul

auto
maşina

keel
tel

jah / ei
əyə / yuq

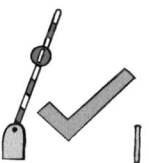

okei
yarar

Tere!
isənmesez

tõlk
tərcəməçe

Aitäh!
Rəxmət

reisimine - səyəxət

Kui palju maksab …? | Ma ei saa aru | probleem
… küpme tora? | min añlamıym | problem

Tere õhtust! | Tere hommikust! | Head ööd!
Xəyerle kiç! | Xəyerle irtə! | Tınıç yoqı!

Head aega! | suund | pagas
saw bulığız | yünəleş | bagaj

kott | seljakott | külaline
buqça | biştər | qunaq

tuba | magamiskott | telk
bülmə | yoqı qapçığı | çatır

reisimine - səyəxət

	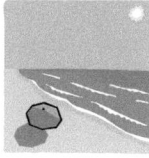	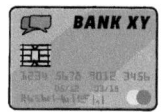
turismiinfo	rand	krediitkaart
turist məğlüməte	qomsal	kredit kərte
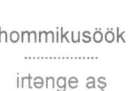		
hommikusöök	lõunasöök	õhtusöök
irtənge aş	töşlek	kiçke aş

pilet	lift	postmark
bilet	lift	marka

riigipiir	toll	saatkond
çik	tamğaxanə	ilçelek

viisa	pass	
viza	pasport	

reisimine - səyəxət

transport
transport

lennuk
oçqıç

laev
kərap

tuletõrjeauto
yanğın maşinası

buss
awtobus

veoauto
töyər

mootorpaat
motorlı köymə

jalgratas
səpid

auto
maşina

praam
boram

paat
köymə

mootorratas
motosiklət

politseiauto
polisə maşinası

võidusõiduauto
uzış maşinası

rendiauto
kiralıq maşina

transport - transport

ühisauto
karşering

puksiirauto
tartuçı

prügiauto
çüp töyəre

mootor
motor

kütus
yağulıq

tankla
benzinlek

liiklusmärk
trafik bilgese

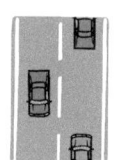

liiklus
xərəkət

liiklusummik
böke

parkla
parking

raudteejaam
stansa

rööpad
rəy

rong
trən

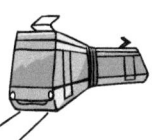

tramm
tramway

vagun
vagon

transport - transport

helikopter
boralaq

lennujaam
hawa alanı

torn
manara

reisija
yulçı

konteiner
konteyner

pappkast
alap

käru
yök arbası

korv
səbət

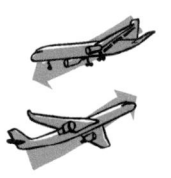
õhku tõusma / maanduma
qalqu / töşü

linn
şəhər

küla
awıl

kesklinn
şəhər üzəge

maja
yort

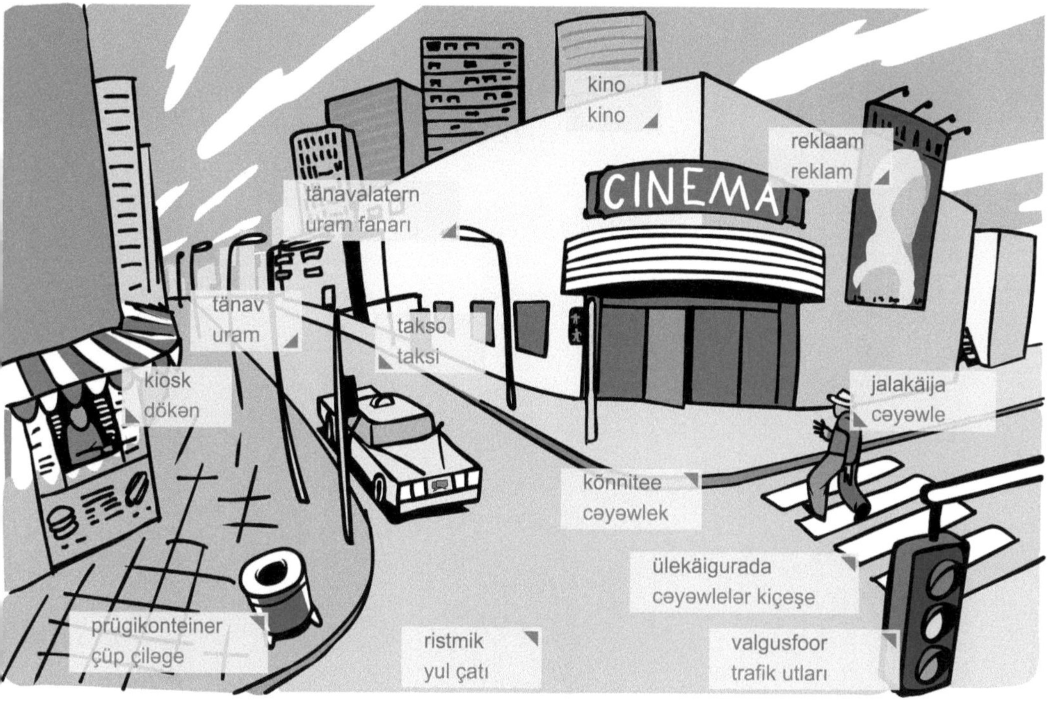

kino
kino

reklaam
reklam

tänavalatern
uram fanarı

tänav
uram

takso
taksi

kiosk
dökən

jalakäija
cəyəwle

könnitee
cəyəwlek

ülekäigurada
cəyəwlelər kiçeşe

prügikonteiner
çüp çiləge

ristmik
yul çatı

valgusfoor
trafik utları

osmik
alaçıq

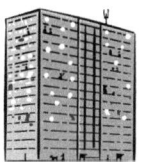

kortermaja
fatir

raudteejaam
stansa

raekoda
şəhər xakimiyəte

muuseum
yədkərxanə

kool
məktəp

linn - şəhər

ülikool
universitə

pank
bank

haigla
xastaxanə

hotell
qunaqxanə

apteek
daruxanə

kontor
ofis

raamatupood
kitap kibete

kauplus
kibet

lillepood
çəçək kibete

supermarket
supermarket

turg
bazar

kaubamaja
zur kibet

kalapood
balıq kibete

kaubanduskeskus
səwdə üzəge

sadam
liman

linn - şəhər

park
park

pink
eskəmiyə

sild
küper

trepp
basqıç

metroo
metro

tunnel
tunnel

bussipeatus
awtobus tuqtalışı

baar
bar

restoran
restoran

postkast
yamıl tartması

tänavasilt
uram bilgese

parkimisautomaat
parking sanağıçı

loomaaed
xaywan baqçası

ujula
xəwezxanə

mošee
məçet

linn - şəhər

talu
çeftlek

reostus
kerlelek

surnuaed
zirat

kirik
çirkəw

mänguväljak
uyın alanı

tempel
ğibädätxanä

maastik
tirə-yün

- leht / yafraq
- teeviit / yul kürsətkeçe
- tee / yul
- aas / bolın
- kivi / taş
- puu / ağaç
- matkaja / yöreşce
- jõgi / yılğa
- rohi / ülən
- lill / çəçək

org | mägi | järv
üzən | qalqulıq | kül

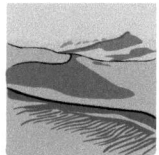

mets | kõrb | vulkaan
urman | çül | yanartaw

linnus | vikerkaar | seen
nığıtma | salawat küpere | gömbə

palm | sääsk | kärbes
palma | çerki | çeben

sipelgas | mesilane | ämblik
qırmısqa | bal qortı | ürməküç

maastik - tirə-yün

mardikas
qoñğız

konn
baqa

orav
tiyen

siil
kerpe

jänes
quyan

öökull
yabalaq

lind
qoş

luik
aqqoş

metssiga
qaban duñğızı

hirv
bolan

põder
poşıy

pais
tuan

tuuleturbiin
cir turbını

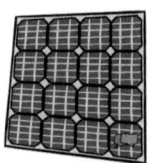

päikesepaneel
qoyaş panele

kliima
iqlim

maastik - tirə-yün

restoran
restoran

- kelner / tabınçı
- menüü / saylaq
- tool / urındıq
- pitsa / pitsa
- supp / aş
- söögiriistad / çeneçke-pıçaq taqımı
- laudlina / aşyawlıq

eelroog
qabımlıq

pearoog
töp aşamlıq

magustoit
tatlı

joogid
eçemlekler

toit
azıq

pudel
şeşe

restoran - restoran

kiirtoit
fastfud

tänavatoit
uram rizığı

teekann
çəygün

suhkrutoos
şikər sawıtı

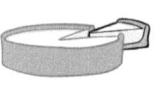
portsjon
salım

espressomasin
espresso maşını

lastetool
biyek urındıq

arve
xisap

kandik
töger

nuga
pıçaq

kahvel
çəneçke

lusikas
qaşıq

teelusikas
çəy qaşığı

salvrätik
tastımal

klaas
tustağan

restoran - restoran

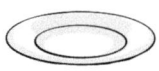

taldrik
tabaq

supitaldrik
aş tabağı

alustass
cəypək

kaste
sous

soolatoos
toz sawıtı

pipraveski
borıç tegerməne

äädikas
serkə

õli
sıyıq may

vürtsid
təmlətkeç

ketšup
ketçup

sinep
xərdəl

majonees
mayonez

restoran - restoran

supermarket
supermarket

eripakkumine
maxsus təqdim

klient
satıp alucılar

piimatooted
söt eşlənmələrə

puuviljad
cimeş

ostukäru
kibet arbası

lihapood

it kibete

pagariäri

ikməkxanə

kaaluma

ülçəw

köögiviljad

yəşelçə

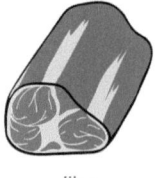

liha

it

külmutatud toit

tuñdırılğan aşamlıqlar

supermarket - supermarket

lihalõigud
suıq it

konservid
kənsirləngən aşamlıq

pesupulber
ker tuzı

maiustused
şikərləmələr

majatarbed
öy eşlənmələre

puhastustooted
təmizlek eşlənmələre

müüja
satuçı

kassaaparaat
yazuçı kassa

kassapidaja
kassir

ostunimekiri
satıp alu isemlege

lahtiolekuajad
eş waqıtı

rahakott
qalta

krediitkaart
kredit kərte

kott
buqça

kilekott
plastik qapçıq

supermarket - supermarket

joogid
eçemleklər

vesi
su

mahl
sut

piim
söt

koola
kola

vein
şərab

õlu
sıra

alkohol
xəmer

kakao
kakao

tee
çəy

kohv
qəhwə

espresso
espresso

cappuccino
kapuçino

toit
azıq

banaan
banan

õun
alma

apelsin
əflisun

arbuus
qarbız

sidrun
limon

porgand
kişer

küüslauk
sarımsaq

bambus
bambu

sibul
suğan

seen
gömbə

pähklid
çikləweklər

nuudlid
toqmaç

spagetid
spagetti

riis
döge

salat
salat

friikartulid
çips

praekartulid
qızdırılğan bərəñge

pitsa
pitsa

hamburger
hamburger

võileib
sandwiç

šnitsel
kətlit

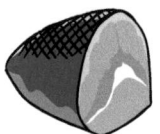

sink
ветчина

salaami
salami

vorst
sosis

kana
tawıq ite

praeliha
qızdırma

kala
balıq

toit - azıq

kaerahelbed
solı izməse

müsli
müsli

maisihelbed
məkkəy keterdege

jahu
on

sarvesai
kruassan

kukkel
ipi tügərəge

leib
ikmək

röstsai
tost

küpsised
kətərməç

või
may

kohupiim
eremçek

kook
kəyk

muna
yomırqa

praemuna
təbə

juust
pəynir

toit - azıq

jäätis	suhkur	mesi
tuñdırma	şikər	bal

moos	pähklivõie	karri
qaynatma	şokolad izməse	karri

talu
çeftlek

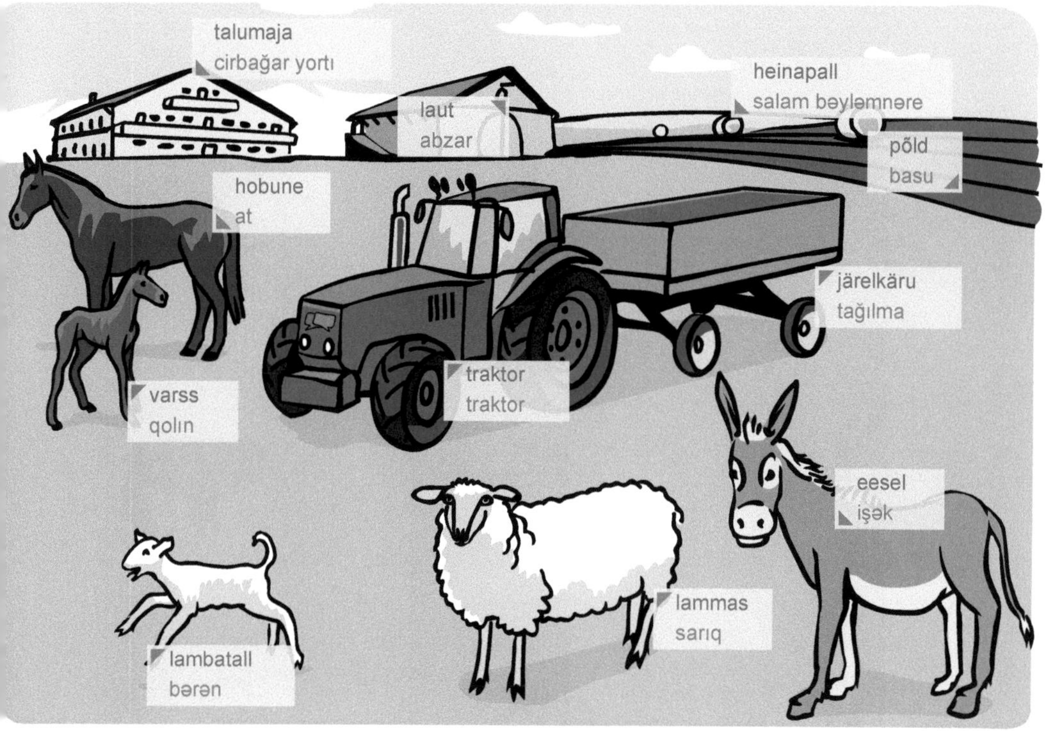

talumaja
cirbağar yortı

laut
abzar

heinapall
salam beylemnere

põld
basu

hobune
at

järelkäru
tağılma

varss
qolın

traktor
traktor

eesel
işək

lammas
sarıq

lambatall
berən

kits
kəcə

lehm
sıyır

vasikas
bozaw

siga
duñğız

põrsas
duñğız balası

pull
ügez

hani
qaz

part
ürdək

tibu
çebi

kana
tawıq

kukk
ətəç

rott
küse

kass
pesi

hiir
tıçqan

härg
eş ügeze

koer
et

koerakuut
et oyası

aiavoolik
baqça xortumı

kastekann
susipkeç

vikat
çalğı

ader
saban

talu - çeftlek

sirp
uraq

kõblas
kitmən

hang
sənək

kirves
balta

käru
qul arbası

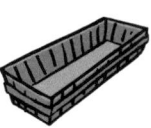
küna
tağaraq

piimanõu
söt çiləge

kott
qapçıq

tara
qoyma

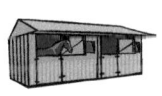
tall
abzar

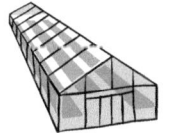
kasvuhoone
essexanə

muld
tufraq

seeme
orlıq

väetis
aşlama

kombain
kombayn

talu - çeftlek

29

saaki koristama
uñış cıyarğa

saagikoristus
uñış

jamss
yam

nisu
boday

soja
soya

kartul
bərəñge

mais
məkkəy

raps
raps

viljapuu
cimeş ağaçı

maniokk
manyok

teravili
börtekleler

talu - çeftlek

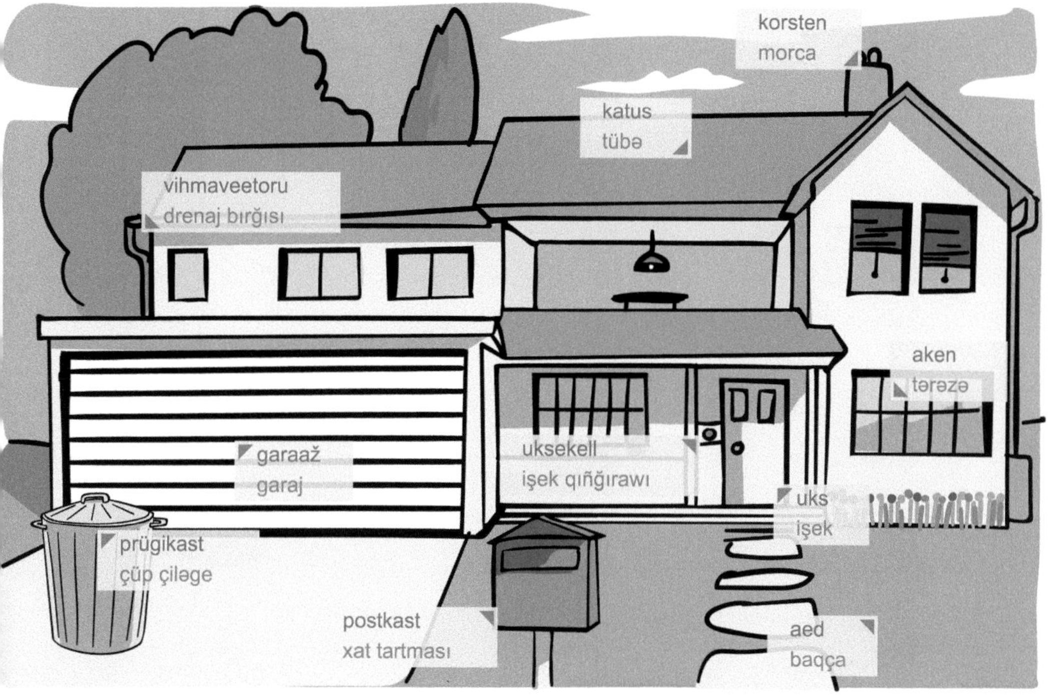

maja
yort

korsten
morca

katus
tübə

vihmaveetoru
drenaj bırğısı

aken
tərəzə

garaaž
garaj

uksekell
işek qıñğırawı

uks
işek

prügikast
çüp çiləge

postkast
xat tartması

aed
baqça

elutuba
qunaq bülməse

vannituba
yuınu bülməse

köök
aş bülməse

magamistuba
yataq bülməse

lastetuba
bala bülməse

söögituba
aş bülməse

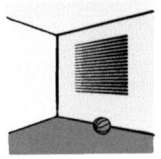
põrand
idän

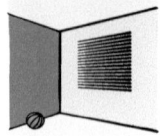
sein
diwar

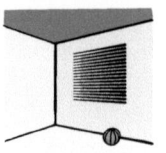
lagi
tüşəm

kelder
tülə

saun
sawna

rõdu
balkon

terrass
teras

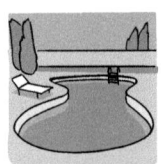
bassein
xəwez

muruniiduk
çirəmçapqıç

voodilina
cəymə

päevatekk
yataq yapması

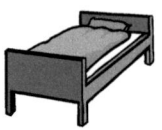
voodi
yataq

luud
seberke

ämber
çilək

lüliti
özgeç

maja - yort

elutuba
qunaq bülməse

- tapeet / diwar kəğəze
- pilt / rəsem
- lamp / lampa
- riiul / kiştə
- kapp / dulap
- kamin / çual
- televiisor / televiziyə
- lill / çəçək
- padi / mendər
- vaas / nəlbək
- diivan / diwan
- kaugjuhtimispult / yıraqtan boyırma

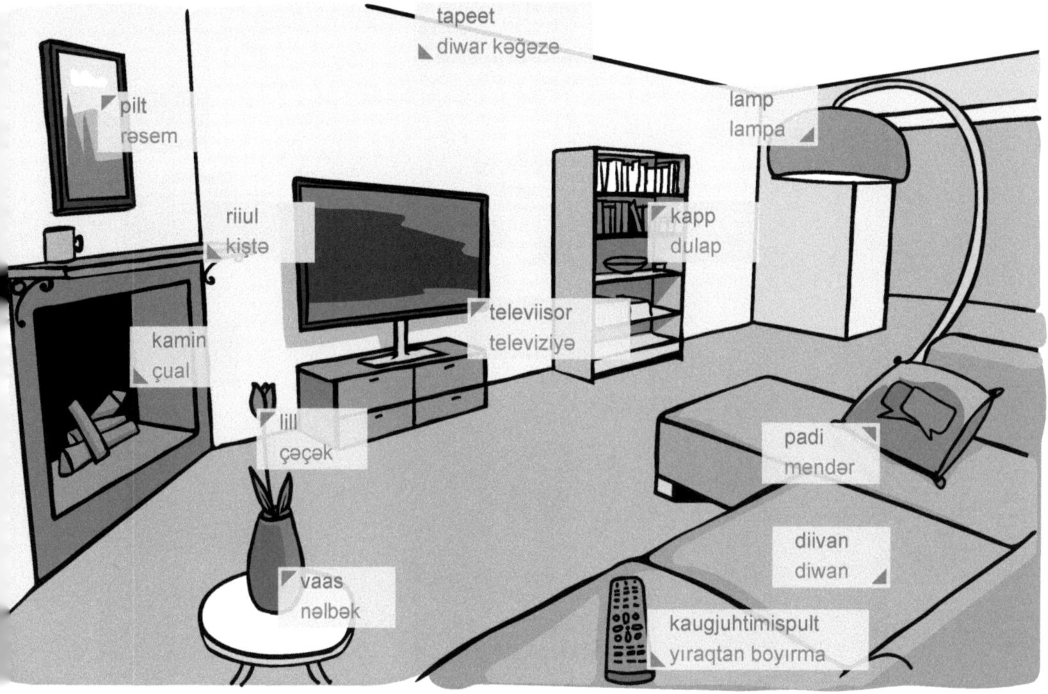

vaip
keləm

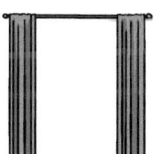

kardin
pərdə

laud
östəl

tool
urındıq

kiiktool
tirbəlmə urındıq

tugitool
kənəfi

elutuba - qunaq bülməse

raamat
kitap

tekk
yapma

kaunistus
dekor

küttepuud
utın

film
film

helisüsteem
hi-fi

võti
açqıç

ajaleht
gəcit

maal
sürət

plakat
poster

raadio
radio

märkmik
quyın dəftərе

tolmuimeja
tuzansuırğıç

kaktus
kaktus

küünal
şəm

elutuba - qunaq bülməse

köök
aş bülməse

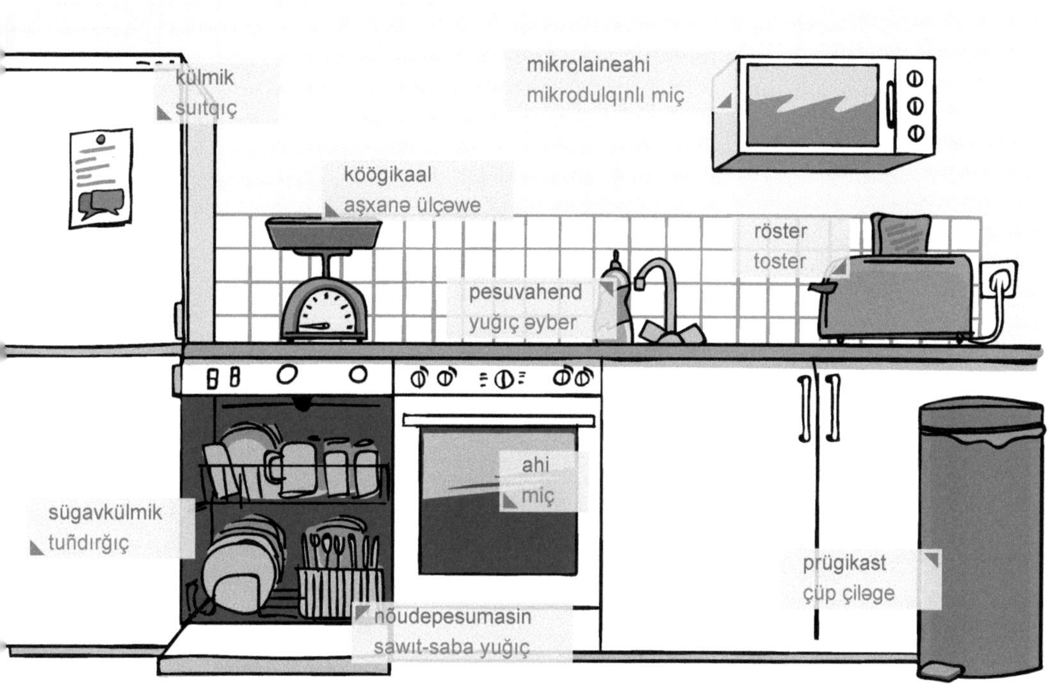

külmik
suıtqıç

mikrolaineahi
mikrodulqınlı miç

köögikaal
aşxanə ülçəwe

röster
toster

pesuvahend
yuğıç əyber

sügavkülmik
tuñdırğıç

ahi
miç

prügikast
çüp çiləge

nõudepesumasin
sawıt-saba yuğıç

pliit
əwsək

pott
sağan

malmpott
çuyın sağan

vokkpann
wok

pann
taba

veekeetja
çəygün

köök - aş bülməse 35

aurutaja
bulı peşergeç

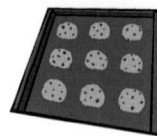
küpsetusplaat
qalay

lauanõud
sawıt-saba

kruus
təgeç

kauss
kəsə

söögipulgad
aşaw tayaqçıqları

kulp
ucaw

pannilabidas
spatula

vispel
tuğlağıç

kurn
sözgeç

sõel
ilək

riiv
qırğıç

uhmer
kile

grill
barbekü

lahtine tuli
açıq uçaq

köök - aş bülməse

lõikelaud
taqta

tainarull
uqlaw

korgitser
böke suırğıç

konservipurk
metal tartma

konserviavaja
kənsir açqıç

pajakinnas
miç biyələye

kraanikauss
kirşən

hari
fırça

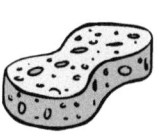
pesukäsn
bolıt

kannmikser
blender

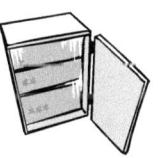
sügavkülmuti
tirən tuñdırğıç

lutipudel
imezlekle şeşə

segisti
çömək

köök - aş bülməse

37

vannituba
yuınu bülməse

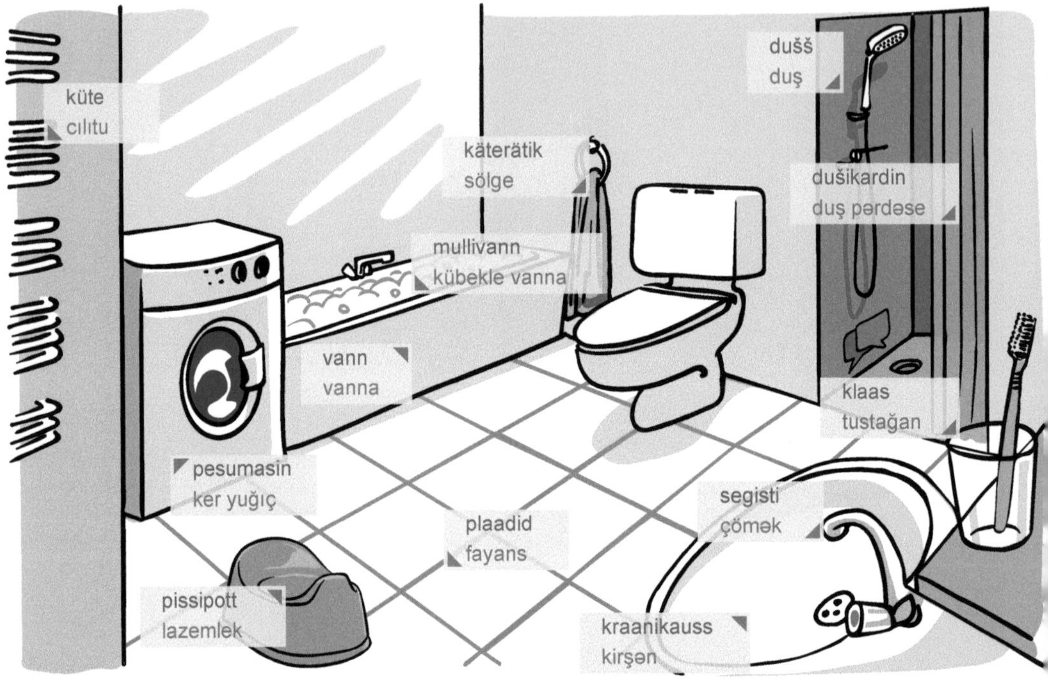

- küte / cılıtu
- käterätik / sölge
- mullivann / kübekle vanna
- dušš / duş
- dušikardin / duş pərdəse
- vann / vanna
- klaas / tustağan
- pesumasin / ker yuğıç
- plaadid / fayans
- segisti / çömək
- pissipott / lazemlek
- kraanikauss / kirşən

WC-pott

bədrəf

kükitamistualett

törekçə bədrəf

bidee

bide

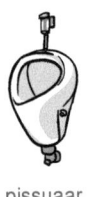

pissuaar

pissuar

tualettpaber

bədrəf kəğəze

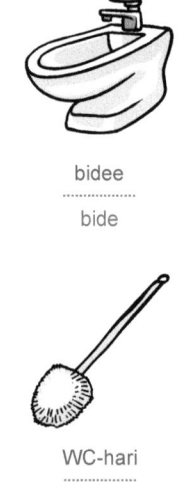

WC-hari

bədrəf fırçası

hambahari

teş fırçası

hambapasta

teş məğcüne

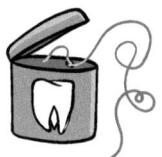

hambaniit

teş cebe

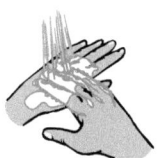

pesema

yuarğa

käsidušš

duş başlığı

intiimdušš

duş

pesukauss

kirşən

seljahari

arqa fırçası

seep

sabın

dušigeel

duş señəle

šampoon

şampun

vamm

munçala

äravool

ağım

kreem

krem

deodorant

dezodorant

vannituba - yuınu bülməse

peegel
közge

käsipeegel
qul közgese

habemenuga
östərə

raseerimisvaht
qırınu kübege

habemevesi
qırınu losyonı

kamm
taraq

hari
fırça

föön
fön

juukselakk
çəç sprəye

meigikomplekt
makiyaj

huulepulk
iren innege

küünelakk
tırnaq cələse

vatt
mamıq

küünekäärid
tırnaq qayçısı

parfüüm
xuşbuy

vannituba - yuınu bülməse

tualett-tarvete kott

makiyaj buqçası

taburet

utırğıç

kaal

ülçəw

hommikumantel

çoba

kummikindad

rezin iləsə

tampoon

tampon

hügieeniside

higiyenik pəd

keemiline tualett

kimiyəwi bədrəf

vannituba - yuınu bülməse

lastetuba
bala bülməse

äratuskell
uyatqıç səğət

pehme mänguasi
yomşaq uyınçıq

mänguauto
uyınçıq maşina

nukumaja
qurçaq yortı

kingitus
bülək

kõristi
şaltırawıq

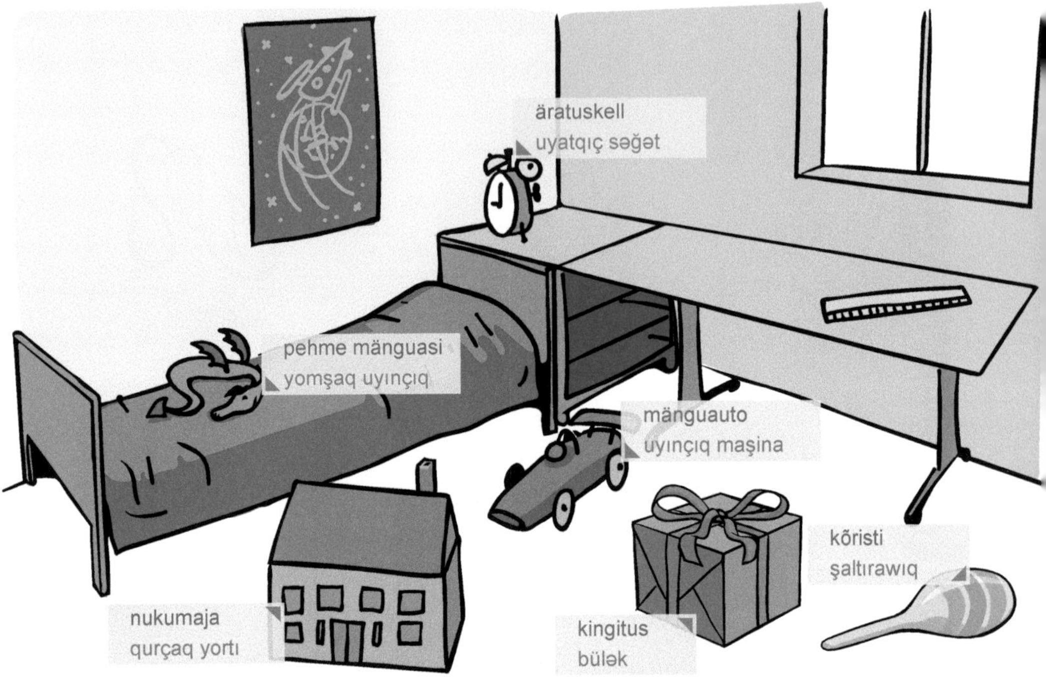

õhupall

hawa şarı

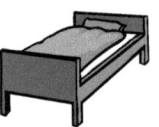

voodi

yataq

lapsevanker

bəbi arbası

kaardipakk

kərt dəstəse

pusle

pazl

koomiks

komiks

lastetuba - bala bülməse

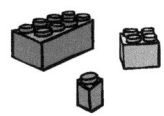
Lego klotsid
lego kirpeçlәre

klotsid
şaqmaqlar

kujuke
uyın sınçığı

siputuspüksid
zıbın

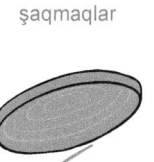
lendav taldrik
frisbi

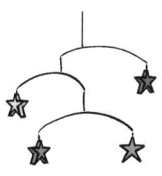
voodikarussell
mobil

lauamäng
östәl uyını

täringud
uyın taşı

mudelrong
trәn modele cıyılması

lutt
imezlek

pidu
kiçә

pildiraamat
rәsemle kitap

pall
tup

nukk
qurçaq

mängima
uynarğa

lastetuba - bala bülmәse

liivakast
qomlıq

kiik
tağan

mänguasjad
uyınçıqlar

mängukonsool
uyın quşması

kolmerattaline jalgratas
öç köpçəkle səpid

mängukaru
uyınçıq ayu

riidekapp
kiyem dulabı

riietus
kiyem

sokid
oyıqbaş

sukad
oyıq

sukkpüksid
oyığıştan

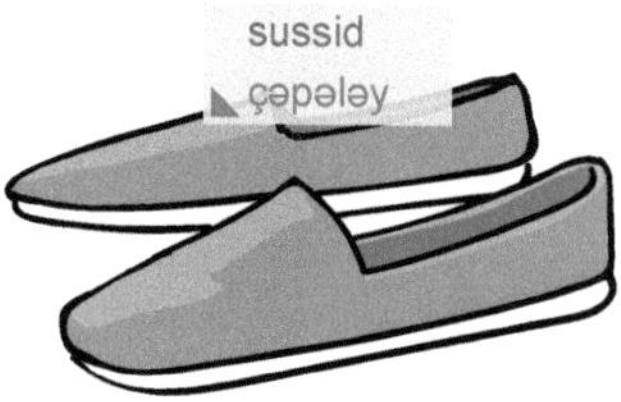

sall
şarf

vihmavari
qulçatır

T-särk
t-külmək

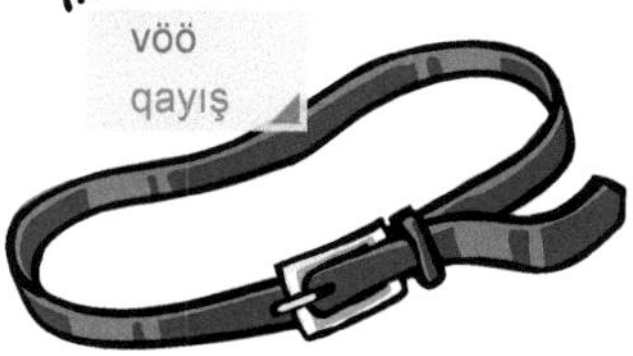

vöö
qayış

saapad
itek

sussid
çəpələy

tossud
sport ayaq kiyeme

sandaalid
sandallar

jalatsid
ayaq kiyeme

kummikud
rezin itek

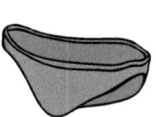

aluspüksid
tənban

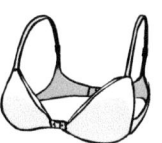

rinnahoidja
tüşti

vest
cələk

riietus - kiyem

bodi
bodi

püksid
çalbar

teksapüksid
jins

seelik
itək

pluus
bluz

särk
külmək

sviiter
sviter

dressipluus
hudi

bleiser
bleyzer

jakk
jaket

mantel
bişmət

vihmamantel
yañğırlıq

kostüüm
kəçtüm

kleit
külmək

pulmakleit
tuy külməge

riietus - kiyem

ülikond
taqım kiyem

öösärk
tönge külmək

pidžaama
pijama

sari
sari

pearätt
yawlıq

turban
çalma

burka
burqa

kaftan
çapan

abayah
abaya

ujumistrikoo
qoyınu kiyeme

ujumispüksid
yözü tənbanı

lühikesed püksid
şort

dressid
sport kiyeme

põll
alyapqıç

kindad
iləsə

riietus - kiyem

nööp
töymə

prillid
küzlek

käevõru
beləzek

kaelakee
muyınsa

sõrmus
baldaq

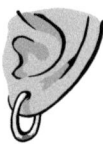
kõrvarõngas
alqa

nokamüts
kəpəç

riidepuu
elgeç

kaabu
eşləpə

lips
muyınbaw

tõmblukk
zıncır

kiiver
oçlam

traksid
çalbar asması

koolivorm
məktəp forması

vormirõivad
forma

riietus - kiyem

pudipõll	lutt	mähe
balalar kükrəkçəse	imezlek	küzələ

kontor
ofis

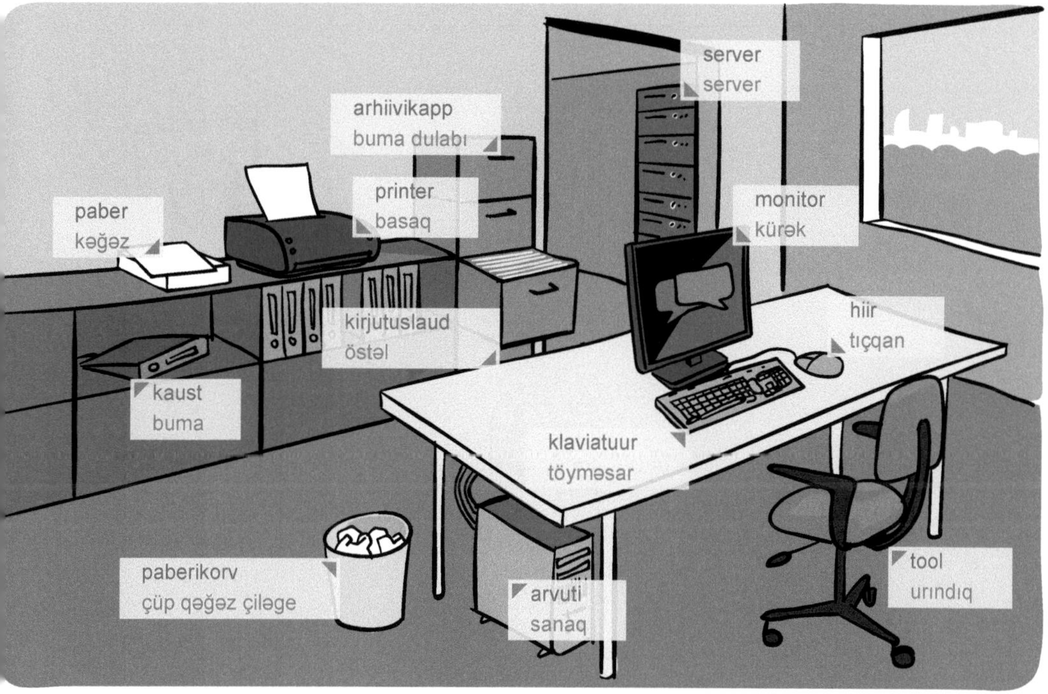

- server / server
- arhiivikapp / buma dulabı
- printer / basaq
- paber / kəğəz
- monitor / kürək
- kirjutuslaud / östəl
- hiir / tıçqan
- kaust / buma
- klaviatuur / töyməsar
- paberikorv / çüp qəğəz çiləge
- arvuti / sanaq
- tool / urındıq

kohvikruus	kalkulaator	internet
qəhwə təgəçe	sansanar	internet

sülearvuti
ləptop

kiri
xat

sõnum
xəbər

mobiiltelefon
kesə telefonı

võrk
çeltər

koopiamasin
fotokopyaçı

tarkvara
program təminatı

telefon
telefon

pistikupesa
ayırğıç

faksimasin
faks

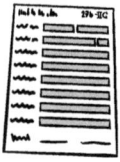
vorm
form

dokument
dokument

kontor - ofis

majandus
iqtisad

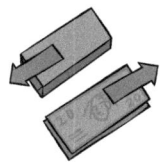
ostma
satıp alırğa

maksma
tülərgə

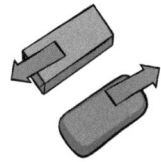
vahetama
səwdə itərgə

raha
aqça

dollar
dollar

euro
euro

jeen
yen

rubla
sum

Šveitsi frank
frank

renminbi jüaan
yuan

ruupia
rupi

sularahaautomaat
bankomat

valuutavahetuspunkt
valüta bürosı

kuld
altın

hõbe
kömeş

nafta
qaramay

energia
energiyə

hind
bəyə

leping
kontrakt

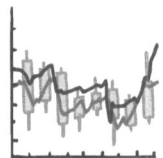

maks
salım

aktsia
stok

töötama
eşlərgə

töötaja
eşçe

tööandja
eş birüçe

tehas
fabrika

kauplus
kibet

majandus - iqtisad

ametid
hönərlər

politseinik
polisə xezmətkərə

tuletõrjuja
yanğın sünderüçe

piloot
oçuçı

arst
tabib

kokk
aşçı

aednik
baqçaçı

puusepp
ağaç ostası

õmbleja
tegüçe

kohtunik
xökemçe

keemik
kimiyəçe

näitleja
aktor

ametid - hönərlər

bussijuht
awtobus yörtüçe

taksojuht
taksiçe

kalamees
balıqçı

koristaja
cıyıştıruçı xatın

katusepaigaldaja
tübə yabuçı

kelner
tabınçı

jahimees
awçı

maaler
rəssam

pagar
ikməkçe

elektrik
elektrçı

ehitaja
tözüçe

insener
möhəndis

lihunik
itçe

torumees
çöməkçe

postiljon
yamılçı

ametid - hönərlər

sõdur
ğəskəri

arhitekt
miğmar

kassapidaja
kassir

lillemüüja
çəçəkçe

juuksur
çəçtaraş

piletikontrolör
konduktor

mehaanik
mekanik

kapten
kapitan

hambaarst
teş tabibı

teadlane
ğalim

rabi
rabbi

imaam
imam

munk
kəşiş

preester
ruxani

tööriistad
əlɘtlər

haamer
çükeç

tangid
qarğaborın

kruvikeeraja
şörepborğıç

mutrivõti
İngliz açqıçı

taskulamp
qul fanarı

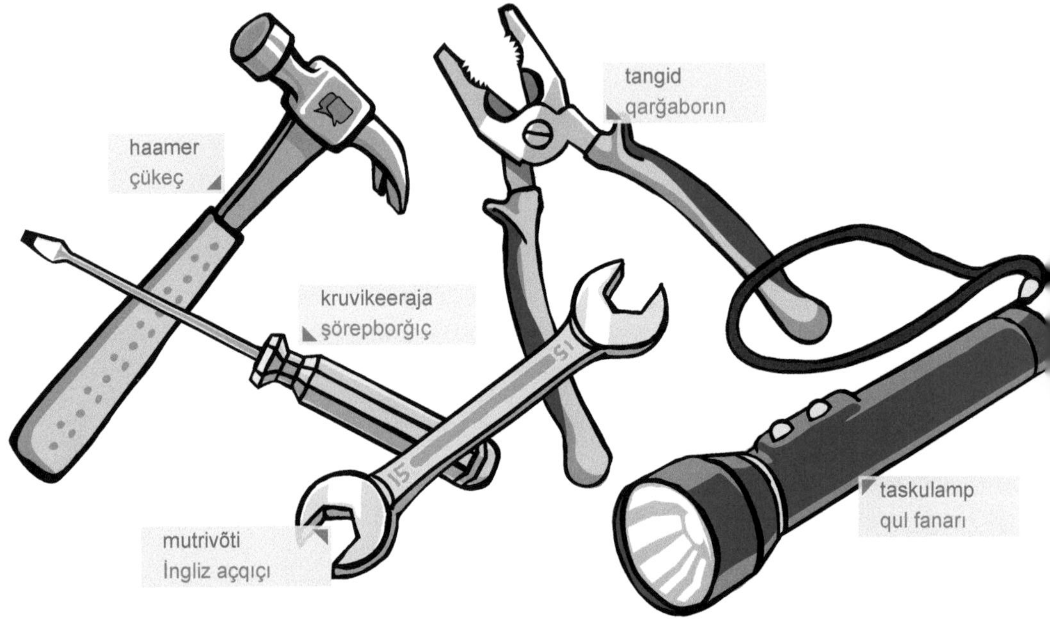

ekskavaator
qazu maşinası

tööriistakast
ələt buqçası

redel
basqıç

saag
pıçqı

naelad
qadaqlar

trell
dril

tööriistad - ələtlər

parandama
tözətergə

labidas
körək

Põrgusse!
Şaytan alğırı!

kühvel
sosqı

värvipott
buyaw sawıtı

kruvid
mıqlar

pillid
muzıka alətləre

trummikomplekt
dawılbaz taqımı

kõlar
tawış köçəytkeç

kitarr
gitar

kontrabass
kontrabas

trompet
bırğı

klaver
piano

viiul
kəmən

bass
bas gitar

timpan
timpani

trummid
dawılbaz

süntesaator
töyməsar

saksofon
saksofon

flööt
flüt

mikrofon
mikrofon

loomaaed
xaywan baqçası

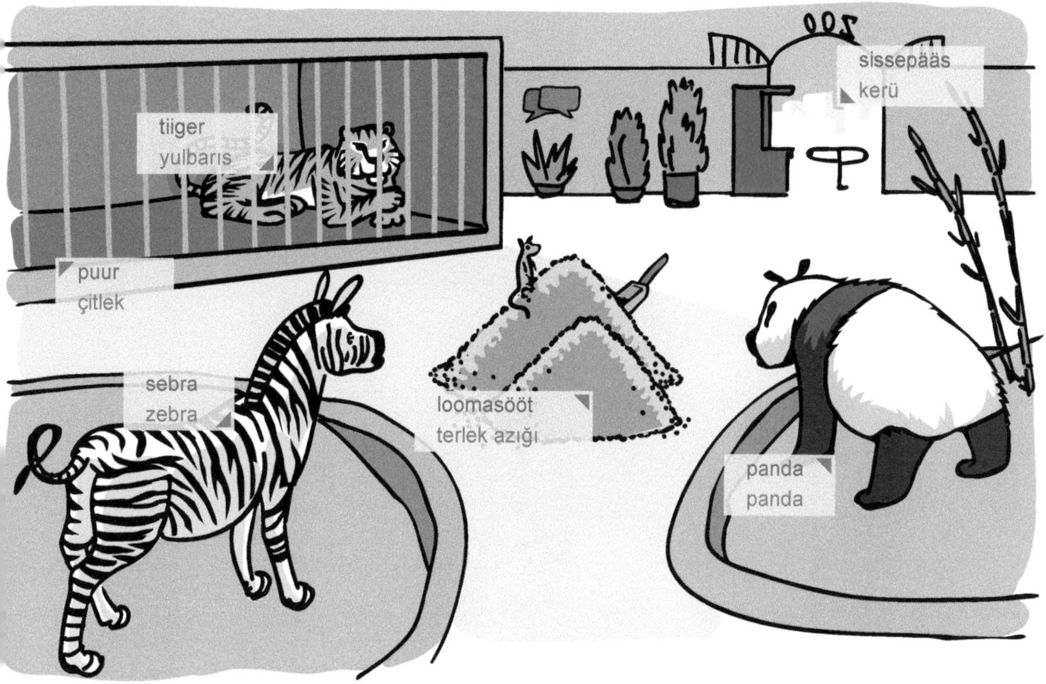

- sissepääs / kerü
- tiiger / yulbarıs
- puur / çitlek
- sebra / zebra
- loomasööt / terlek azığı
- panda / panda

loomad
xaywannar

elevant
fil

känguru
köngerə

ninasarvik
kərkədən

gorilla
gorilla

karu
ayu

kaamel
döyə

jaanalind
təwə qoşı

lõvi
arıslan

ahv
maymıl

flamingo
flamingo

papagoi
tutıy qoş

jääkaru
aq ayu

pingviin
pingwin

hai
küpek balığı

paabulind
tawis

madu
yılan

krokodill
timsax

loomaaiatalitaja
xaywan baqçası xezmətkəre

hüljes
suete

jaaguar
yaguar

loomaaed - xaywan baqçası

poni
poni

leopard
qaplan

jõehobu
su ayğırı

kaelkirjak
zörəfə

kotkas
börket

metssiga
qaban duñğızı

kala
balıq

kilpkonn
taşbaqa

morsk
morşa

rebane
tölke

gasell
ğəzəl

loomaaed - xaywan baqçası

sport
sport törləre

tegevused
itkenleklər

- hüppama / sikerergə
- naerma / kölərgə
- kallistama / qoçaqlarğa
- laulma / cırlarğa
- jalutama / yörergə
- palvetama / ğibədət qılırğa
- suudlema / übərgə
- unistama / xıyallanırğa

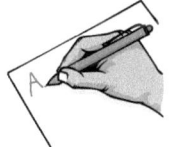

kirjutama
yazarğa

joonistama
rəsem yasarğa

näitama
kürsətergə

lükkama
etərgə

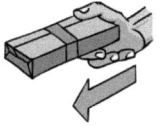

andma
birergə

võtma
alırğa

omama
iyə bulırğa

tegema
eşlərgə

olema
bulırğa

seisma
basıp torırğa

jooksma
yögerergə

tõmbama
tartırğa

viskama
taşlarğa

kukkuma
yığılırğa

lamama
yatarğa

ootama
kötərgə

kandma
taşırğa

istuma
utırırğa

riidesse panema
kiyenergə

magama
yoqlarğa

ärkama
uyanırğa

vaatama
qararğa

nutma
yılarğa

paitama
sıyparğa

kammima
tararğa

rääkima
söyləşergə

aru saama
añlarğa

küsima
sorarğa

kuulama
tıñlarğa

jooma
eçərgə

sööma
aşarğa

korrastama
cıyıştırınırğa

armastama
söyərgə

süüa tegema
peşerergä

sõitma
sörergə

lendama
oçarğa

tegevused - itkenleklər

purjetama
diñgezgə açılu

arvutama
isəpləw

lugema
uqırğa

õppima
öyrənergə

töötama
eşlərgə

abielluma
öylənergə

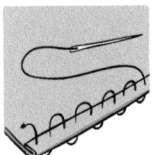

õmblema
tegərgə

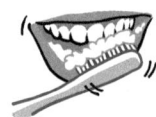

hambaid pesema
teş fırçalarğa

tapma
üterergə

suitsetama
təməke tartırğa

saatma
cibərergə

tegevused - itkenleklər

perekond
ğailə

vanaema / əbi

vanaisa / babay

isa / ata

ema / ana

imik / sabıy

tütar / qız

poeg / ul

külaline
qunaq

tädi
apa

onu
abıy

vend
abıy / ene

õde
apa / señel

keha
tən

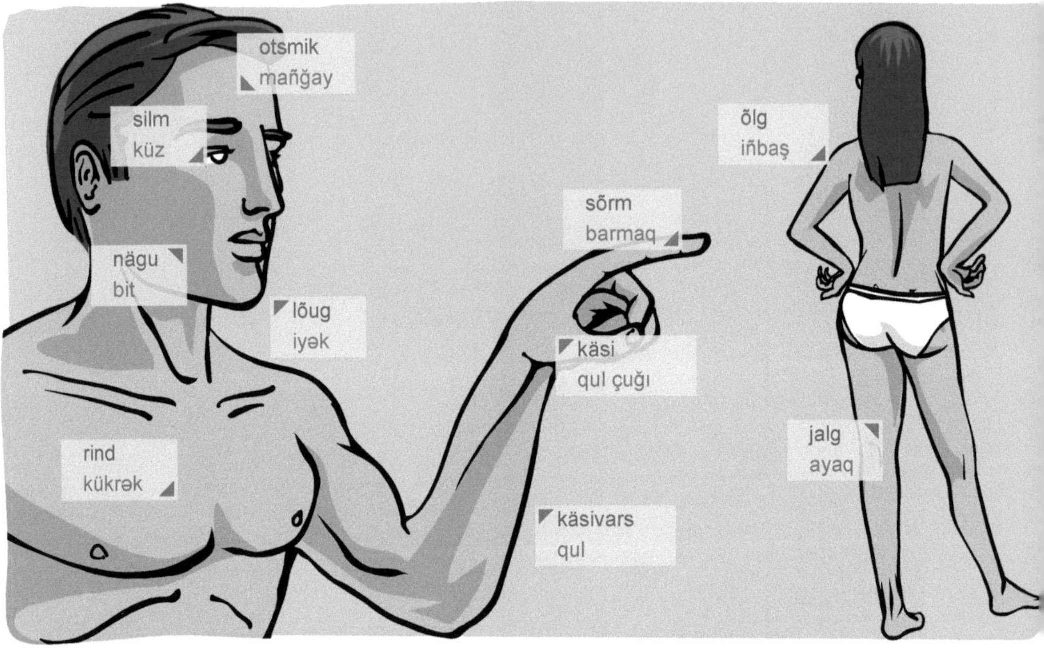

otsmik / mañğay
silm / küz
ölg / iñbaş
sõrm / barmaq
nägu / bit
lõug / iyək
käsi / qul çuğı
rind / kükrək
jalg / ayaq
käsivars / qul

imik
sabıy

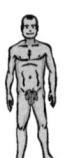

mees
ir

naine
xatın

tüdruk
qız

poiss
malay

pea
baş

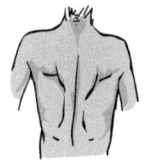

selg
arqa

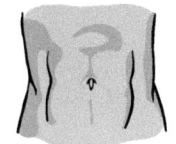

kõht
eç

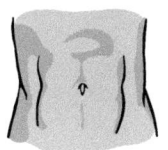

naba
kendek

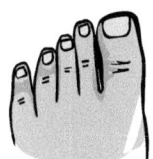

varvas
ayaq barmağı

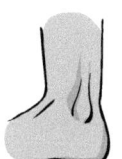

kand
ükçə

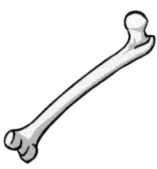

luu
söyək

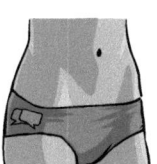

puus
bot

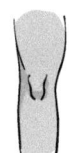

põlv
tez

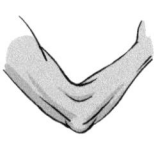

küünarnukk
tersək

nina
borın

tagumik
art san

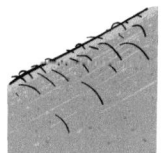

nahk
tire

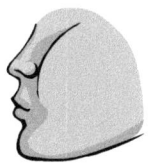

põsk
yañaq

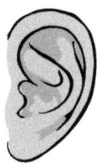

kõrv
qolaq

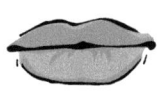

huuled
iren

keha - tən

suu
awız

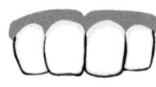

hammas
teş

keel
tel

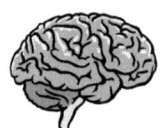

aju
mi

süda
yörək

lihas
ğəzlə

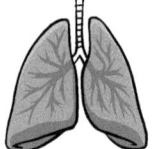

kops
üpkə

maks
bawır

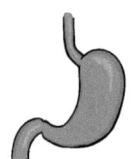

magu
aşqazanı

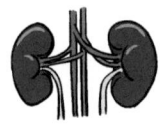

neerud
böyerlər

seksuaalvahekord
seks

kondoom
prezervativ

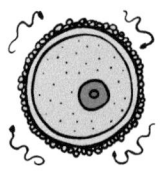

munarakk
kükəy küzənək

sperma
məni

rasedus
kömən

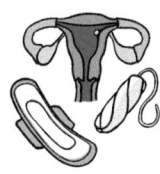
menstruatsioon
kürem

vagiina
vagina

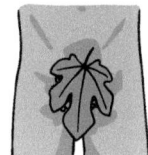
peenis
penis

kulm
qaş

juuksed
çəçlər

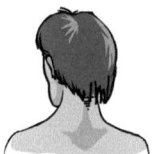
kael
muyın

keha - tən

haigla
xastaxanə

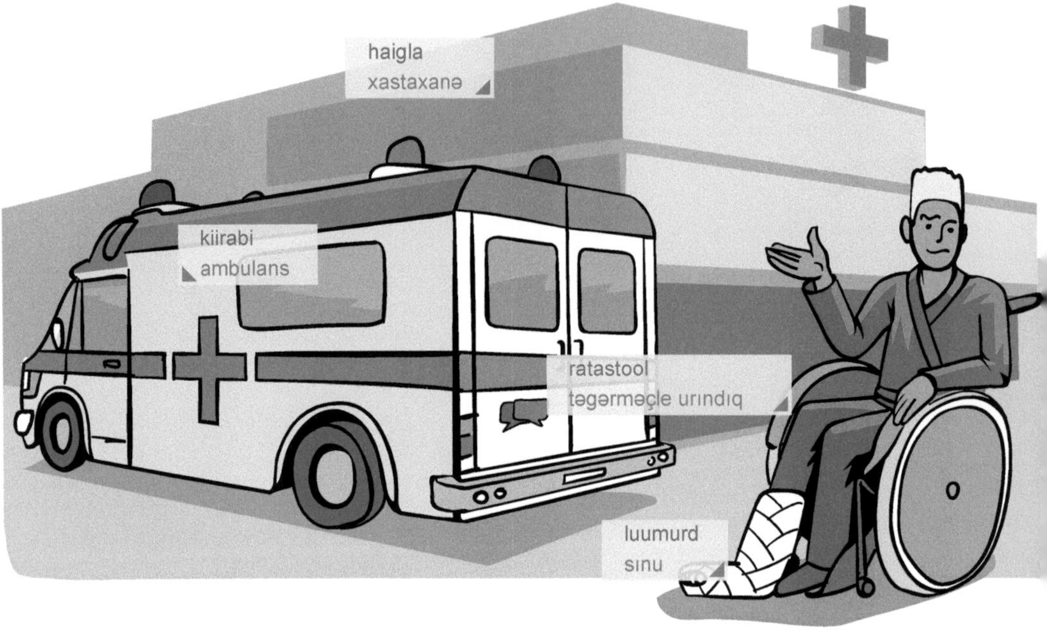

- haigla / xastaxanə
- kiirabi / ambulans
- ratastool / təgərməçle urındıq
- luumurd / sınu

arst
tabib

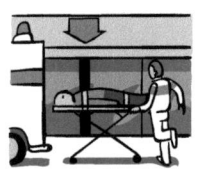

traumapunkt
aşığıç yərdəm bülməse

meditsiiniõde
şəfqət tutaşı

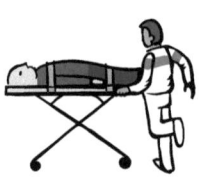

hädaolukord
kiçektergesez xəl

teadvuseta
añsız

valu
awırtu

vigastus
cərəxətlənü

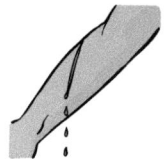
verejooks
qan ağu

südamerabandus
infarkt

insult
insult

allergia
allergiyə

köha
yütəl

palavik
qızu

gripp
grip

kõhulahtisus
eç kitü

peavalu
baş awırtu

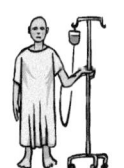
vähk
yaman şeş

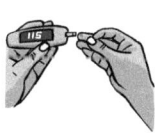
diabeet
diabet

kirurg
xirurg

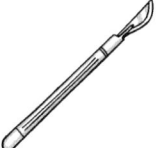
skalpell
skalpel

operatsioon
ğəməliyət

haigla - xastaxanə

KT
ST

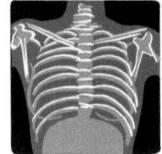
röntgen
röntgen

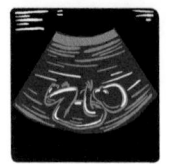
ultraheli
ultratawış

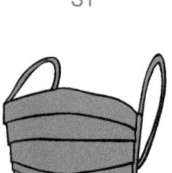
mask
bitlek

haigus
awıru

ooteruum
kötü bülməse

kark
qultıq tayağı

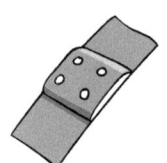
kips
plaster

side
bəyləweç

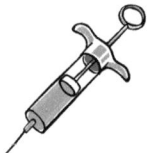
süst
qadaw

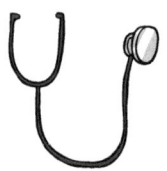
stetoskoop
stetoskop

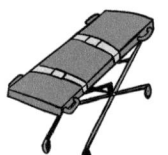
kanderaam
sədiyə

kraadiklaas
klinik termometr

sünd
tuu

ülekaaluline
artıq awırlıq

haigla - xastaxanə

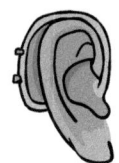

kuuldeaparaat — işetü cihazı

desinfektsioonivahend — dezinfektant

põletik — yoğış

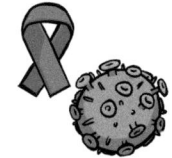

viirus — virus

HIV / AIDS — KİV / BİDS

meditsiin — daru

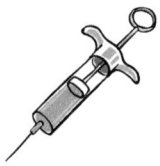
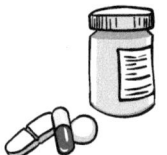

vaktsineerimine — vaksinalanu

tabletid — tabletlər

pill — kontraseptiv tablet

hädaabikõne — aşığıç çaqıru

vererõhuaparaat — qan basımı ülçəgeçe

haige / terve — awıru / sələmət

haigla - xastaxanə

hädaolukord
kiçektergesez xəl

Appi!  häire  kallaletung

Qotqarığız! xəwef tawışı höcüm

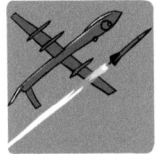  

rünnak oht avariiväljapääs

höcüm qurqınıç aşığıç çığu

Tulekahju! tulekustuti õnnetus

Yanğın! ut sündergeç qaza

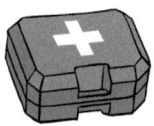  

esmaabikomplekt SOS politsei

berençe yərdəm buqçası SOS polisə

Maa
Cir

Euroopa
Awrupa

Põhja-Ameerika
Tönyaq Amerika

Lõuna-Ameerika
Könyaq Amerika

Aafrika
Afrika

Aasia
Asya

Austraalia
Awstralya

Atlandi ookean
Atlantik okean

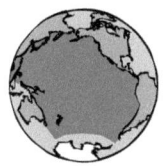
Vaikne ookean
Tın okean

India ookean
Hind okeanı

Lõuna-Jäämeri
Antarktik okean

Põhja-Jäämeri
Arktik okean

põhjapoolus
Tönyaq qotıp

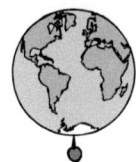  

lõunapoolus	Antarktika	Maa
Könyaq qotıp	Antarktika	Cir

maismaa	meri	saar
qorı cir	diñgez	utraw

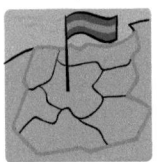 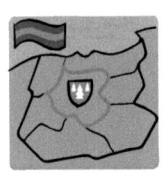

rahvus	riik
millət	dəwlət

kell
səğət

sihverplaat
səğət bite

tunniosuti
səğət uğı

minutiosuti
minut uğı

sekundiosuti
sekund uğı

Mis kell on?
Səğət niçə?

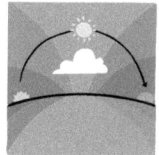

päev
kön

aeg
waqıt

praegu
xəzer

digitaalne kell
dijital səğət

minut
minut

tund
səğət

nädal
atna

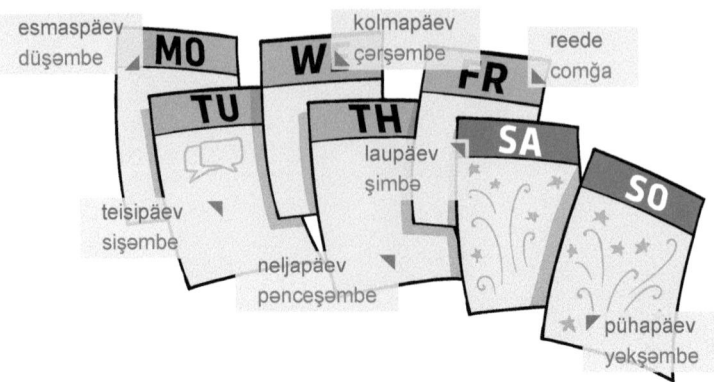

esmaspäev — düşəmbe
kolmapäev — çərşəmbe
reede — comğa
teisipäev — sişəmbe
neljapäev — pənceşəmbe
laupäev — şimbə
pühapäev — yəkşəmbe

eile
kiçə

täna
bügen

homme
irtəgə

hommik
irtə

lõuna
töş

õhtu
kiç

tööpäevad
eş könnəre

nädalavahetus
yal könnəre

nädal - atna

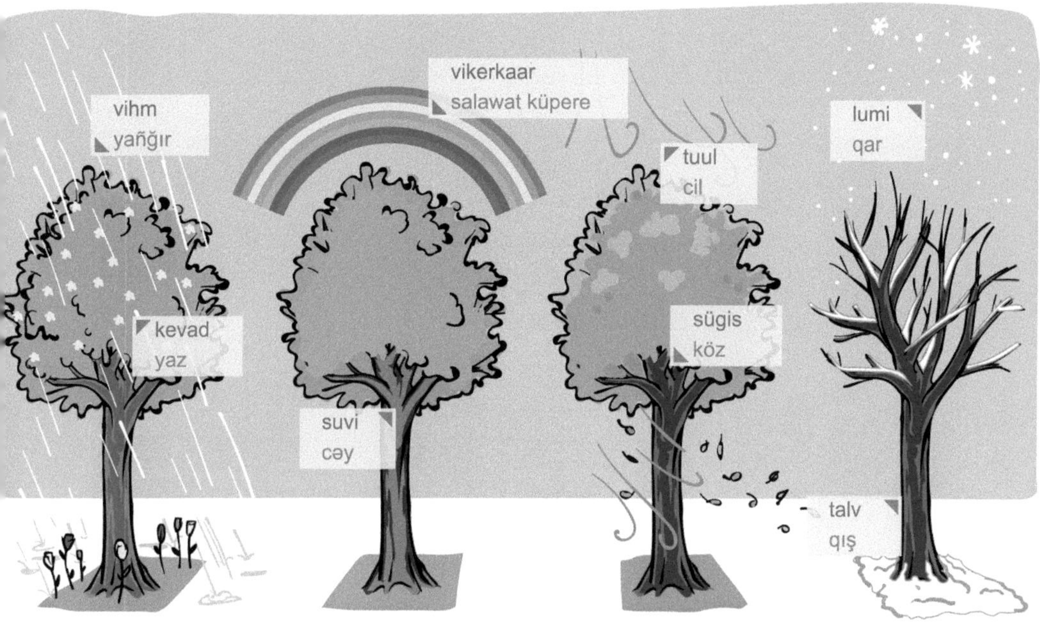

aasta
yıl

vihm / yañğır
vikerkaar / salawat küpere
tuul / cil
lumi / qar
kevad / yaz
suvi / cəy
sügis / köz
talv / qış

ilmaennustus
hawa torışı

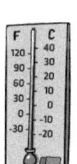

termomeeter
termometr

päikesepaiste
qoyaş yaqtısı

pilv
bolıt

udu
toman

niiskus
dımlılıq

aasta - yıl

pikne
yəşen

kõu
kük kükrəw

torm
dawıl

rahe
boz

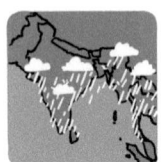
mussoon
musson

üleujutus
su basu

jää
boz

jaanuar
Qırlaç

veebruar
Aqman

märts
Buşay

aprill
Yañarış

mai
Saban

juuni
Çereşmə

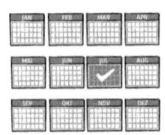
juuli
Peçən

august
Uraq

aasta - yıl

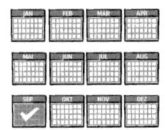
september
Indır

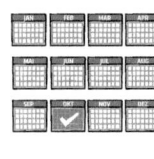
oktoober
Bilek

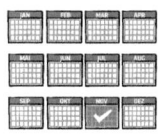
november
Qaraköz

detsember
Kerəw

kujundid
şəkellər

ring
tügərək

ruul
dürtkel

nelinurk
turıpoçmaq

kolmnurk
öçpoçmaq

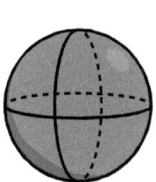
kera
körrə

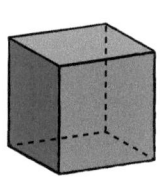
kuup
kub

värvid
töslər

valge
aq

kollane
sarı

oranž
qızğılt sarı

roosa
al

punane
qızıl

lilla
şəməxə

sinine
zəñgər

roheline
yəşel

pruun
körən

hall
sorı

must
qara

vastandid
qapma-qarşılıqlar

palju / vähe
küp / az

vihane / rahulik
usal / tınıç

ilus / inetu
matur / yəmsez

algus / lõpp
baş / axır

suur / väike
zur / keçkenə

hele / tume
yaqtı / qarañğı

vend / õde
abıy, ene / apa, señel

puhas / must
taza / pıçraq

täielik / puudulik
təmam / təmamlanmağan

päev / öö
kön / tön

surnud / elus
üle / tere

lai / kitsas
kiñ / tar

söödav / mittesöödav
....
aşarğa yaraqlı / aşarğa yaraqsız

kuri / sõbralik
....
yaman / yaxşı

põnevil / tüdinud
....
dulqınlanğan / yalıqqan

paks / peenike
....
yuan / yabıq

esimene / viimane
....
berençe / soñğı

sõber / vaenlane
....
dus / doşman

täis / tühi
....
tulı / buş

kõva / pehme
....
qatı / yomşaq

raske / kerge
....
awır / ciñel

nälg / janu
....
açlıq / susaw

haige / terve
....
awıru / sələmət

ebaseaduslik / seaduslik
....
qanunsız / qanunlı

tark / rumal
....
aqıllı / aqılsız

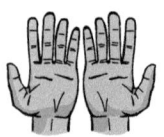

vasak / parem
....
sul / uñ

lähedal / kaugel
....
yaqın / yıraq

vastandid - qapma-qarşılıqlar

uus / kasutatud   mitte midagi / midagi   vana / noor
yaña / qullanılğan   hiçnərsə / nərsəder   ölkən / yəş

sees / väljas   lahti / kinni   vaikne / vali
qabızdırılğan / sünderelgən   açıq / yabıq   tawışsız / göreltele

rikas / vaene   õige / vale   kare / sile
bay / yarlı   döres / yalğış   qıtırşı / şoma

kurb / rõõmus   lühike / pikk   aeglane / kiire
küñelsez / küñelle   qısqa / ozın   aqrın / tiz

märg / kuiv   soe / jahe   sõda / rahu
dımlı / qorı   cılı / salqın   suğış / tınıçlıq

vastandid - qapma-qarşılıqlar

numbrid
sannar

0
null
sıfır

1
üks
ber

2
kaks
ike

3
kolm
öç

4
neli
dürt

5
viis
biş

6
kuus
altı

7
seitse
cide

8
kaheksa
sigez

9
üheksa
tuğız

10
kümme
un

11
üksteist
unber

12 kaksteist / unike	**13** kolmteist / unöç	**14** neliteist / undürt
15 viisteist / unbiş	**16** kuusteist / unaltı	**17** seitseteist / uncide
18 kaheksateist / unsigez	**19** üheksateist / untuğız	**20** kakskümmend / yegerme
100 sada / yöz	**1.000** tuhat / meñ	**1.000.000** miljon / million

keeled
tellər

inglise   Ameerika inglise   mandariini
inglizçə   Amerika inglizçəse   Mandarin qıtayçası

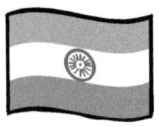 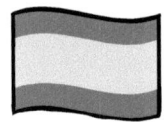 

hindi   hispaania   prantsuse
hindi   İspança   Fransızça

 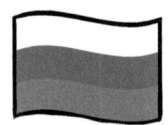 

araabia   vene   portugali
Ğərəpçə   Rusça   Portugalça

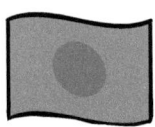 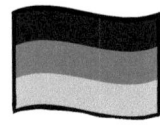 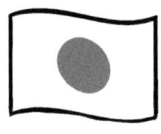

bengali   saksa   jaapani
Bengali   Almança   Yaponça

kes / mis / kuidas
kem / nərsə / niçek

mina
min

sina
sin

tema
ul / ul / ul

meie
bez

teie
sez

nemad
alar

kes?
kem?

mis?
nərsə?

kuidas?
niçek?

kus?
qayda?

millal?
qayçan?

nimi
isem

kus
qayda

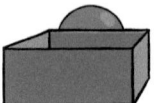
taga
artta

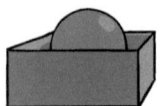
sees
eçendə

ees
aldında

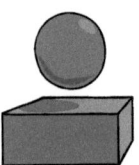
kohal
östendə

peal
östendə

all
astında

kõrval
yanında

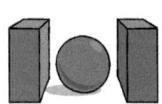
vahel
arasında

koht
urın